Juan Armando Rojas Joo

Santuarios   Desierto Mar
Sanctuaries   Desert Sea

Translated by
Jennifer Rathbun

Nueva York, 2015

Title: Santuarios   desierto mar / Sanctuaries   Desert Sea

ISBN-10: 1940075335
ISBN-13: 978-1-940075-33-4

Design: © Ana Paola González
Cover & Image: © Jhon Aguasaco
Author's photo by: © John Holliger
Editor in chief: Carlos Aguasaco
E-mail: carlos@artepoetica.com
Mail: 38-38 215 Place, Bayside, NY 11361, USA.

© Santuarios   desierto mar / Sanctuaries   Desert Sea, Juan Armando Rojas Joo
© English translation, Jennifer Rathbun
© Santuarios   desierto mar / Sanctuaries   Desert Sea, 2015 for this edition Artepoética Press

All rights reserved. No part of this publication may be reproduced, distributed, or transmitted in any form or by any means, including photocopying, recording, or other electronic or mechanical methods, without the prior written permission of the publisher, except in the case of brief quotations embodied in critical reviews and other noncommercial uses permitted by copyright law. For permission requests, write to the publisher, addressed "Attention: Permissions Coordinator," at the address below:
38-38 215 Place, Bayside, NY 11361, USA

Todos los derechos reservados. Esta publicación no puede ser reproducida, ni en todo ni en parte, ni registrada en o transmitida por, un sistema de recuperación de información, en ninguna forma ni por ningún medio, sea mecánico, fotoquímico, electrónico, magnético, electroóptico, por fotocopia, o cualquier otro, sin el permiso previo por escrito de la editorial, excepto en casos de citación breve en reseñas críticas y otros usos no comerciales permitidos por la ley de derechos de autor. Para solicitar permiso, escríbale al editor a:
38-38 215 Place, Bayside, NY 11361, USA.

*For my parents,
Fernando and Rosalba,
for the generous blended heritage that I inherited
in poetry*

ÍNDICE

SANTUARIOS / SANCTUARIES

aurora / dawn	10
paquimé / paquimé	12
rosacruz / rosicrucian	14
chiricahua / chiricahua	16
palo verde / palo verde	18
mezquite / mesquite	20
santuario / sanctuary	22
llovizna / mist	24

augurios / omens
(I -VIII) — 26

lunazul / blue moon

bajo la lluvia / beneath the rain	42
la noria / water wheel	44
la tormenta / storm	46
isla en la memoria / island in memory	48
el pozo / well	50
pescador / fisherman	52
lluvia escarlata / scarlet rain	54
la carta / letter	56

desértica morada / desert home

primera habitación / first room	58
segunda habitación / second room	60
tercera habitación / third room	62
cuarta habitación / fourth room	64
quinta habitación / fifth room	66
sexta habitación / sixth room	68
séptima habitación / seventh room	70
octava habitación / eighth room	72

DESIERTO MAR / DESERT SEA

crónica oriental / chronicle of the east

peregrino / pilgrim	76
cronista / chronicler	78
jornada / journey	80
crónica / chronicle	82

continuidad / continuity	84
las vías / the tracks	86
prisioneros / prisoners	88
tregua / truce	90

médanos / dunes

(la estrella) / (star)	92
(el árbol) / (tree)	94
(el oráculo) / (oracle)	96
(el poema) / (poem)	98
(la tarde) / (afternoon)	100
(el sueño) / (dream)	102
(las palabras) / (words)	104
(el canto) / (chant)	106

trincheras / trenches

el pueblo / pueblo	108
ojo de agua / waterhole	112
el peñol / the rock	114
bajo el santuario / beneath the sanctuary	118
trincheras / trenches	120
lluvia / rain	122
llovió tanto / it rained so much	124
el viejo cauce / the old river bed	126

último santuario / last sanctuary
callejones / alleys
(I -III)   130
callejón de arena / alley of sand
(I-III)   136
callejón de las estatuas / alley of statues
(I-III)   142
callejón nocturno / nocturnal alley
(I -III)   148
callejón de los olvidos / alley of oblivion
(I -III)   154
callejón de ofrendas / alley of offerings
(I-III)   160
callejón de las palabras / alley of words
(I-III)   166
callejón de los santuarios / alley of the sanctuaries
(I-III)   172

Advanced Praise / Commentarios críticos	178
Juan Armando Rojas Joo	184
Jennifer Rathbun	185

SANTUARIOS

SANCTUARIES

AURORA

la abuela aurora teje una malla de sal para la luna
ilumina caminos hasta el centro de la tierra   alguna vez
creyó fielmente en perseguir las brujas de su infancia

bordó una sábana de rosas con hilo y tela de las cruces
para cubrir los santos   en su oración logró fundir la noche
enamorar a la lechuza

la abuela preparaba el último alimento de las sombras
que llegaban a dormir a sus pies   al verla
vacilaban las estrellas   tiritaban   aprendieron sobre el temblor
del frío   su rostro se impregnó de humedad
chiricahua

en el oráculo de las arañas la abuela aurora teje   por la noche
una malla de sal para la luna   durante el día junta el polvo
de los que no alcanzaron a enterrar su cruz   antes del alba

DAWN

grandmother dawn knits a salt net for the moon
she illuminates paths to the center of the earth   once
she faithfully believed in pursing the witches of her childhood

she bordered a sheet of roses with cross stitches
to cover saints   she managed to cast the night in her prayers
to make the owl fall in love

grandmother prepared the last meal of the shadows
that arrived to dream at her feet   the stars staggered
upon seeing her   they quivered   they learned to tremble
in the cold   her face was impregnated with moisture
chiricahua

at night   in the spiders' oracle grandmother dawn knits
a salt net for the moon   by day she gathers the dust
of those who didn't manage to bury their cross   before daybreak

PAQUIMÉ

la que platica con los dioses   y roba el canto
a quien la lluvia sorprende en el desierto   predicando a los cometas
paquimé   desértica morada   te extiendes
como el valle que el sol nunca abandona

has logrado escaparte de la noche   de la serpiente
bebes agua   los acueductos milagrosos   alzas la mano
si navegas por el cauce del oráculo   en el alba
le temes al augurio   paquimé   la que avanza
ama   odia   avanza
por un callejón del pueblo   en busca del próximo diluvio

ciudad de los hechizados   oculta el corazón   cien escaleras
tu nombre   la noche sobre la estepa   la luna
bajo este mar   platicas con las sombras en espejismos
la ruina de los pericos   escapas en su sueño
y lo escribes en los pétalos del viento

paquimé   si un cuervo hurta el sol y se oscurece
deja que haya mitos   lunas que a ti regresen
para llorar la muerte de sus hijos   la soledad nocturna
te rindes y entregas a la ofrenda

ofrenda azul o viento de los ángeles   cristal   arena
blanca muy blanca   caminas abrazada al árbol de la vida
y en el limbo tejes con la noche un corazón

fluyes por la memoria de los dioses   encierras en las piedras
el crascitar del cuervo   tus demonios conspiran
contra la ciencia   y guardas la distancia   paquimé
escarbas en la arena   las máscaras del sol
pero en silencio

PAQUIMÉ

she who speaks with the gods   and steals the chant
who the rain overtakes in the desert   praising the comets
paquimé   desert home   you extend
like the valley the sun never abandons

you have managed to escape from the night   from the serpent
you drink water   miraculous aqueducts   you raise your hand
if navigating through the oracle's water   at dawn
you fear the omen   paquimé   she who walks
loves   hates   walks
through the pueblo's alley   in search of the next flood

city of the enchanted   one hundred ladders   hides its heart
your name   the night over the steppe   the moon
beneath this sea   you speak with shadows in illusions
the parrots' decline   you escape in their dream
and you write it on the wind's petals

paquimé   if a crow steals the sun and the sky darkens
let there be myths   moons that will return to you
to cry his children's death   nocturnal solitude
you surrender and give yourself to the offering

blue offering or wind of angels   crystal   very white
white sand   in circles you walk embracing the tree of life
and in limbo with the night you knit a heart

you flow through the memory of the gods   you enclose in the rocks
the crow's craw   your demons conspire
against science   and you keep your distance   paquimé
you dig in the sand   sun masks
but in silence

ROSACRUZ

la noche en oración   un pueblo duerme bajo el río
una mujer encinta zurce augurios en el viento   da nombre a las estrellas
hilo y espinas   en la hoguera se consumen
rosacruz   oráculo del sol   descifras en el tótem de su voz el llanto
un diluvio acecha

un colibrí sostiene el vuelo que aprehendiste
el frío sus alas protege   su vista fija en el otoño   rosacruz
da media vuelta y hurta el pergamino de tus viajes
el amor idílico del río   el pueblo   la lluvia
su hábito mundano cruza desiertos

habrá tormenta   el rizo de una vela imita al mar   y espuma
el invierno alza un huracán   la luna se refleja
en un cristal   diluye su menguante   entre dunas avanza
rosacruz   conmovida reposa los ojos en tu espíritu celeste
haya tormenta en el invierno

huellas y huellas en la arena más blanca de la luna
la noche más oscura viene a su fin   inmersa en el vientre
llevas un deseo bajo el brazo   liberas péndulos al sol
es la mañana

terminó la primavera   rosacruz   culmina el verano
a la abuela ves llorar y enmudecer al recordarle
el pueblo que se ahogó en el río   al fin ves su rostro
la herida
el largo camino en el desierto

ROSICRUCIAN

the night in prayer   a pueblo sleeps beneath the river
a pregnant woman mends omens in the wind   names the stars
thread and thorns   consumed in the bonfire
rosicrucian   oracle of the sun   you decipher a cry in its voice's totem
a flood awaits

a hummingbird sustains the flight that you captured
the cold its wings embrace   its sight fixed on autumn   rosicrucian
turns then runs from the pages of your journeys
the idyllic love of the river   pueblo   rain
its mundane habit deserts crosses

there will be a storm   the bound sails imitate the sea   and foam
winter raises a hurricane   the moon reflects
in a crystal   its quarter dilutes   advances between dunes
rosicrucian   moved she rests her eyes in your celestial spirit
let there be a storm in the winter

footprints and footprints in the whitest sand of the moon
the darkest night comes to its end   immersed in its womb
you carry a desire beneath your arm   you liberate pendulums to the sun
it is the morning

spring ended   rosicrucian   summer comes to its height
you see grandmother cry and grow silent when she remembers
the pueblo that drowned in the river   you finally see her face
the wound
the long journey through the desert

CHIRICAHUA

quieres dormir sobre la piedra fría   bajo la hoguera
junto al regazo de la nube   escondes alas
en las terrazas de los cerros   en una cueva guardas
la oración por la mañana   cíbola   tu piel curtida
en oro de los templos   conjuro con que inicias un diluvio

espina de maguey   piedra común   calabacilla
corola y polen de un lucero   flor de los cometas
la roca que se rinde frente al viento
ojo de venado   el horizonte
la huella de los hombres en fuego consumida

chiricahua   cronista de los dioses
tu padre fue un volcán en erupción
un sueño escrito en las cenizas del maíz

hoy la abuela aurora te nombra   cometa   augurio
relator del desierto   raíz del huracán
noria y espejo
su trinchera   su lluvia   su último santuario

CHIRICAHUA

you want to sleep over the cold rock   beneath the fire
next to the cloud's lap   you hide wings
in the mountains' terraces   in a cave you place
the prayer for the morning   cibola   your skin bronzed
with the temples' gold   spell that you cast to initiate the flood

maguey thorn   common stone   gourd
corolla and pollen of an evening star   flower of the comets
the rock that yields to the wind
deer's eye   horizon
man's footprint by fire consumed

chiricahua   chronicler of the gods
your father was an erupting volcano
a dream written in the maize ashes

today grandmother dawn names you   comet   omen
story teller of the desert   root of the hurricane
water wheel and mirror
her trench   her rain   her last sanctuary

PALO VERDE

    dedos al cielo   la contorsión del árbol   una roca
    extiende su peso entre las ramas   junto al mezquite
    fuegos que incineran   ritual
                incienso la mañana
    en este valle   monolitos conjuran en la tarde
    su silencio   ocaso y torbellino   cirios encendidos
    sobre el torso de tus manos   contemplación y la voz de horizonte
    palo verde   seducido por los ojos de la tarde
    bajo el amor del cielo   tus raíces acarician el agua de la noria

PALO VERDE

fingers to the sky   contortion of the tree   a rock
spreads its weight amongst the branches   next to the mesquite
fires incinerate   ritual
                incense morning
in this valley   monoliths conjure in the afternoon
its silence   sunset and dust storms   pillars ignited
over your hands' torso   contemplation and voice of the horizon
palo verde   seduced by afternoon's eyes
beneath the love of the sky   your roots caress the wheel's water

MEZQUITE

¿en qué dirección mirarán las aves   únicos testigos
de la crucifixión?   a medio viaje soplas como el viento
para borrar las huellas del cronista   te ocultas
en la máscara del palo verde   disimulas tu sombra en el sahuaro
pero la primavera te delata o esconde los retoños

bajo las piedras gestas un diluvio   vuelven tus ramas a crecer
mezquite   a tus vainas regresan las semillas
con un poco de viento atraes al camaleón
a medio día espinas brotan

atrás del espejismo se confiesa la cigarra
canta sus pecados por la noche   piensa que el cronista los escribe
pero la primavera sabe que si ha de viajar por tu sombra
    será mejor atravesar los médanos
        cruzar el meridiano de los signos
            andar por las cenizas de tu sangre

MESQUITE

in which direction will the birds look   sole witnesses
of the crucifixion?   midcourse into the journey you blow like the wind
to erase the chronicler's footprints   you disguise yourself
with the palo verde mask   in the sahuaro you eclipse your shadow
but spring exposes you or hides its sprouts

beneath the rocks you gestate a deluge   once more your branches grow
mesquite   the seeds return to your pods
with a little breeze you attract the chameleon
thorns sprout at midday

behind the illusion the cicada confesses
she sings her sins at night   assumes that the chronicler records them
but spring knows that if she travels through your shadow
    it would be better to cut across the dunes
        cross the meridian of the signs
            walk through your blood's ashes

SANTUARIO

ahora que imaginas ser el fuego hostil de los conquistadores
¿en qué dirección vuelan las aves cuando a la lluvia se le olvida descender el cielo?
¿qué rumbo tomaron el correcaminos y el cenzontle?
¿hacia dónde el colibrí giró su vuelo?

santuario   largo sendero entre las dunas
un poco de aguanieve cae sobre tus alas
tu rostro es el tatuaje de una historia   la huella digital de las espinas   corona
mancha de sangre   crónica dictada por tus manos
          si a diario hay redención
¿por qué las aves se hieren los ojos con la espina más aguda?

SANCTUARY

now that you imagine being the conquistadors' hostile fire
in which direction do birds soar when the rain forgets to descend from the sky?
what path did the mockingbird and the roadrunner take?
where did the hummingbird turn its flight?

sanctuary   long path between the dunes
sleet falls over your wings
your face is the story's tattoo   the fingerprint of the thorns   crown
blood stain   chronicle dictated by your hands
        if every day there is redemption
why do birds gouge their eyes with the sharpest thorn?

LLOVIZNA

cae llovizna en tus alas colibrí   para entender la lluvia
cuando te ahogas en un vaso de agua   para explicarte
por qué sólo hay día de aquel lado del río
cuando la luna habita la sequía

baja la llovizna y cae en tus alas   escarbas en la arena
bebes el agua de la noria   tu reflejo   destello presente
entre la luna y la luna   entre el cielo y el cielo
la llovizna baja

cae llovizna colibrí   entre el otoño y los muros del sol
baja la llovizna   hasta humedecer tu cuerpo de viento flagelado
el corpus de tu flor   el invisible giro
la ausencia de tus alas

esta mañana   presenciamos el rumbo de tu vuelo   el mapa
de la lluvia   la angustia de sentirse abandonado
en los cristales de la arena   tu rostro
un sol que ignora tus anhelos

MIST

mist falls on your wings hummingbird   to understand the rain
when you drown in a glass of water   to explain to you
why there is only day on that side of the river
when the moon lives in drought

mist descends and falls upon your wings   you dig in the sand
you drink water from the wheel   your reflection   sparkle present
between the moon and the moon   between the sky and the sky
mist falls

mist falls hummingbird   between autumn and the sun's walls
mist descends   until it dampens your body flagellated by the wind
the corpus of your flower   invisible twist
absence of your wings

this morning   we witness the direction of your flight   the map
of the rain   anguish of feeling abandoned
in the sand crystals   your face
a sun that ignores your desires

AUGURIOS

I

en su brillo
   la espada nombra
      al próximo adversario

Juan Armando Rojas Joo

OMENS

I

in its brilliance
    the sword names
        its next adversary

II

perderás el paso del tren
al avanzar sobre la cicatriz de hierro

beberás agua de mar en el estío de la tarde
y cubrirás con sal los espejismos
los que se encuentran en el desierto divagantes

la herida fija en el metal de un marro
testigo único
horizonte congelado en las vías

II

you will lose the rhythm of the train
advancing over the metal scar

you will drink sea water in the scorching heat of the afternoon
and you will cover the illusions with salt
the ones which are found wandering in deserts

the wound fixed into the mallet's metal
sole witness
horizon frozen in the tracks

III

erguido frente al norte
    observarás un campo de elegías

vigilarás los pueblos de tus hijos
    algunos se ahogarán entre la arena
        fantasmas que aún persiguen el diluvio

cuando la lluvia negra se desplome
    vas a volver a proteger las rocas

vas a volver despacio cada noche
    vendrás entre siluetas y misterios
        darás tu nombre a esta espada o perderá el metal su brillo

vas a volver   lo sé   vas a volver
    como la estatua que regresa en la mañana
        por el andén cristalizado del invierno

III

raised facing the north
    you will observe a field of elegies

you will watch over your sons' pueblos
    some will drown in sand
        illusions that still pursue the flood

when the black rain falls
    you will return to protect the rocks

you will return slowly every night
    you will come between silhouettes and mysteries
        you will name this sword or its metal will lose its shine

you will return   I know   you will return
    like the statue that returns in the morning
        through the crystallized train station of winter

IV

ven   cometa   ven a encontrar tu verdadero nombre
a decidir tus pasos   ven a labrar tu rostro sobre una máscara de sal
ven a disparar las doce flechas del carcaj que has encontrado
sobre la llaga del augurio
ven a sentir la caricia que sólo la piel del durazno logra
en su contacto con la lengua
ven cometa   ven a encontrarte
descubrirás qué vulnerables somos
al tacto más perfecto

IV

arise   comet   arise to encounter your true name
to decide your steps   arise to carve your face on a salt mask
arise to shoot the twelve arrows in the sheath that you have found
over the omen's wound
arise to feel the caress that only the peach engenders
in its contact with your tongue
arise comet   arise to find yourself
you will discover how vulnerable we are
to the most perfect touch

V

aurora de la luna veinte voces   aurora de la noche
noche blanca de la danza y de los vientos
hermosa de los cuatro caracoles

el cronista pulsará las cuerdas de la lluvia
        contará los granos de arena en el reloj del cielo
        escribirá tu historia   y al acercarse
escapará con las alas de tu más preciado ángel

aurora de la luna   luna llena
aurora del desierto   blanco blanco
        en el camino de los ciegos
        entre el desierto y el espejo

vendrá un cronista a darte nombre
a descubrir entre la arena tus augurios
bailará junto a los sacrificados
bailará con tu sombra
        con tu voz   con tu silencio
            bailará

V

dawn of the moon twenty voices   dawn of the night
white night of the dance and of the winds
beauty of the four shells

the chronicler will strum the rain's chords
        count the grains of sand in the sky's clock
     write your story   and on approaching
he will escape with the wings of your most treasured angel

dawn of the moon   full moon
dawn of the white   white desert
      in the path of the blind
        between the desert and the mirror

a chronicler will come to name you
to discover your omens in the sand
he will dance next to the sacrificed
he will dance with your shadow
     with your voice   with your silence
        he will dance

VI

esta gota de ámbar encierra los secretos
        historias del santuario
la noche que no fue y el mapa de los pueblos

en esta rama de árbol se ocultan la daga o el tambor
un venado a punto de ser sacrificado
        la luna que da inicio a la oración

en este augurio el caracol pierde su rumbo
en el desierto
un ave negra   una mariposa   todo el silencio

VI

this drop of amber encloses secrets
        the sanctuary's stories
the night that didn't happen and the map of the pueblos

in this tree branch the dagger or the drum hide
a deer on the verge of being sacrificed
        the moon that begins the prayer

in this omen the shell loses its way
in the desert
a black bird   a butterfly   all of the silence

VII

huir con los fantasmas   beber la sangre del maguey
besar el corazón de un dios   el séptimo de los augurios

        el centro
        en la espiral
        del caracol

te llamarás desierto   como decirte tierra
como nombrarte aire   agua   fuego
como llamarte corazón de río
(y no tendrás principio ni final)

VII

escape with the illusions   drink the maguey's blood
kiss the heart of a god   the seventh of the omens

         the center
         of the shell's
         spiral

you will call yourself desert   like calling you earth
like naming you air   water   fire
like calling you heart of the river
(and you will not have beginning or end)

VIII

ahora que te crees invulnerable   escribano
       te es grato navegar las carabelas
escribir sobre la arena   las crónicas del sol   de las estrellas

       retomas la coda ardiente
las últimas jornadas del coyote
       disparas flechas en el mar

te gusta navegar sobre la muerte
       resucitar en el desierto y dar con el santuario
hallar en el reposo el pueblo ahogado de la abuela

       bebes del cuarzo los cristales
avanzas sobre la arista más filosa
       como el sol avanza sobre el cauce de su río

VIII

now that you think you are invulnerable   calligrapher
        you like to navigate the caravel
write over the sand   the chronicles of the sun   of the stars

      you return to the burning coda
the coyote's last journeys
      at sea you shoot arrows

you like to navigate over death
        resuscitate in the desert and find the sanctuary
discover your grandmother's drowned pueblo at rest

      you drink from the crystal's quartz
you advance over the sharpest edge
      like the sun advances over the bed of its river

LUNAZUL

BAJO LA LLUVIA

esta mañana
los árboles llovieron sobre el pueblo
un cielo gris
atisba el pardo amanecer del río

en el santuario
se colocan las cruces de perfil
sobre este cielo
las aves de luna visten de azul

bajo las nubes
un canto se fija en el invierno
rayos de luna
desplegándose en las sábanas de seda

BLUE MOON

BENEATH THE RAIN

this morning
the trees rained on our pueblo
a gray sky
catches sight of the river's sad dawn

in the sanctuary
they place crosses sideways
over this sky
the birds of the moon dress in blue

beneath the clouds
a chant fastens to winter
moon rays
unfolding themselves on the silk sheets

LA NORIA

dormido bajo el cuenco de mi cuerpo
    junto al agua
        y el vuelo circular de las estrellas

despiertas abrazado
    consultas el amor
        y partes

viajas por las venas del árbol que me hospeda
    caminas bajo el vértice del pozo
        sobre el viento yace el rostro de la aurora

bebes del río
    tu sed
        tu sueño
            tu noche
                la superficie de la luna

durante la sequía
            un
            cielo
            brama
            en
            el
            vacío

vuelves a refrescarte
    hurgas en la miel de los sahuaros
        grabas sobre piedras los nombres del desierto

WATER WHEEL

asleep beneath the cave of my body
    next to the water
        and the circular flight of the stars

you awake embraced
    consult love
        and leave

you traveled through the veins of the tree that houses me
    you walk beneath the vertex of the well
        dawn's face rests on the wind

you drink from the river
    your thirst
        your dream
            your night
                the surface of the moon

during the drought
                a
                sky
                bellows
                in
                the
                emptiness

you return to refresh yourself
    in the sahuaro's honey
        over rocks you carve the names of the desert

LA TORMENTA

hoy llegas al invierno
al triste callejón de las estatuas
que entre la arena lo dejaron todo

bajo la lluvia perderás la sombra
debajo de las huellas
del leve manantial de tus visiones

sabía que eras tú quien se fugaba
pues olvidaste el libro de las horas
y el salmo de los vientos

ya no querrás saber de cierto mar
olas y dunas
fragmentos de una crónica distante

y no querrás volver más al desierto
al silencio que se adhiere al musgo
después de la tormenta

STORM

today you arrive to winter
to the sad alley of the statues
that left everything in the sand

beneath the rain you will lose your shadow
under the footprints
of the mild spring of your visions

I knew it was you who was fleeing
well you forgot the book of hours
and the winds' psalms

you won't want to know about a certain sea
waves and dunes
fragments of a distant chronicle

and you won't desire to return to the desert again
to the silence that sticks to the moss
after the storm

ISLA EN LA MEMORIA

poco antes del amanecer
quieres contemplar tu isla en la memoria
desenterrar la caja de juguetes
abrir con la llave
el croar distante de la rana

amanece y llegan a la isla
unos hombres de latón acrisolado
se esconden tras los muros de la casa
te arrojas a la noria
llueve y tras de ti saltan las ranas

ISLAND IN MEMORY

just before daybreak
you contemplate the island of your memory
dig up the box of toys
open with a key
the distant chant of the frog

daybreaks and they arrive to the island
some refined iron men
they hide behind the walls of the house
you throw yourself into the well
it rains and behind you the frogs leap

EL POZO

en la última noche del diluvio
el cielo se desploma

y al escucharse el canto de las ranas
se extiende el firmamento

en su peregrinaje
la nube empuja barcos de cristal

y suben por la noria
las ranas que se ocultan en el pozo

WELL

in the last night of the flood
the sky falls

and upon hearing the frogs' chant
the heavens extend

in its pilgrimage
the cloud pushes crystal boats

and the frogs that hide in the well
ascend the water wheel

PESCADOR

por donde el pueblo cruza los desiertos
anzuelos tiras   pescador
ahí vuela un cometa
las aves flacas en su migración
los vientos y el molino a la deriva
calles inundadas que evitan plenilunios

ahí donde se forma el remolino
y gira el cuerpo ahogado de la luna
anzuelos tiras   pescador
en el pozo hay tal profundidad
que la próxima tormenta
bendice los desiertos

avienta la carnada   pescador
las redes y el rizo de las velas
que el mar no los separe
ve y tira los anzuelos en el pozo
descubrirás que al fondo de la noria
el colibrí y la luna se enamoran

FISHERMAN

where the pueblo crosses deserts
you throw hooks   fisherman
there a comet flies
the slight birds in their migration
the winds and the mill adrift
flooded streets that avoid full moons

there where the current whirls
and the drowned body of the moon spins
you throw hooks   fisherman
in the well there is such depth
that the next storm
blesses the desert

cast the bait   fisherman
the nets and the bound sails
may the sea not separate them
go and throw the hooks in the well
you will see in the essence of the water wheel
the hummingbird and the moon fall in love

LLUVIA ESCARLATA

brote de rosas   fuego tu cuerpo
al contacto de tu rostro con la arena

cielo escarlata   frío tus manos
el rebumbio de diluvio tus pupilas

lluvia escarlata   sangre la arena
un hombre escribe la historia de su pueblo

SCARLET RAIN

rose bud   fire your body
upon touching your face to the sand

scarlet sky   cold hands
the sketch of the flood your pupils

scarlet rain   blood the sand
a man writes the story of his pueblo

LA CARTA

en este suelo extraño la vida continúa
sólo que ahora no para de llover

cerca de la ventana
un hombre está sentado en una silla
toma su pluma y la carta escribe

      intermitente frío
      aún no deja de llover

      no para de llover
      la gente ya no asoma a las ventanas

      en una tierra que nunca ha sido mía
      observo un hilo de agua entrar al cuarto

      como río intempestivo
      hay lunazul   inicia el invierno

LETTER

in this strange land life continues
only that today it does not stop raining

close to the window
a man is seated in a chair
he takes his pen and the letter writes

>intermittent cold
>it still does not stop raining

>it does not stop raining
>people no longer look out their windows

>in a land that has never been mine
>I observe a stream of water enter the room

>like inopportune river
>there is a blue moon   winter begins

DESÉRTICA MORADA

PRIMERA HABITACIÓN

      la casa amurallada

viajamos por las venas de un vitral
y lágrimas de arena
de cierto mar nocturno

viajamos por el mapa de los cielos
las líneas de las manos
señalaron el lugar

con ceniza y sangre de guerreros
se alzó de esta ciudad el primer muro
y en las rocas se dejaron las ofrendas

de granizo se alzó el segundo muro
para seguir el rumbo de las aves
papalotl enseñó a los habitantes a volar

bajo la lluvia y una lunazul
se construyó en invierno el tercer muro
cantaron las ranas y el pueblo danzó

el cuarto muro se elevó con el fuego
del volcán que nace en la laguna fría
y los hombres aprendieron a nadar

así fue construida
sobre el peñol de los coyotes
la casa amurallada

DESERT HOME

FIRST ROOM

    the walled house

we traveled through the veins of stained glass
and tears of sand
from certain nocturnal sea

we traveled through the map of the skies
the lines on the hands
indicated the place

with ash and blood of warriors
the first wall of this city was erected
and in the rocks offerings were left behind

with hail the second wall was built
to follow the flight of the birds
papalotl taught the habitants to fly

beneath the rain and a blue moon
the third wall was constructed in winter
the frogs chanted and the pueblo danced

the fourth wall was elevated with fire
from the volcano that begins in the cold lagoon
and the men learned to swim

this is how it was built
over the rock of the coyotes
the walled house

SEGUNDA HABITACIÓN

la cruz del silencio

•

monte

•   de • las •

cruces

•

palatkwapi
encarnada ciudad
sitio de montañas y horizontes
las ofrendas se entregaron
y se abrió una puerta en cada rumbo
de la víspera los cantos y los ríos

el pueblo continuó el camino de la noche
se abrieron las jaulas de las aves
cerraron las olas del mar
se escuchó una música de arena
el agua escarlata de los manantiales
tus labios palpan   paquimé
monte de las cruces   laberinto de estrellas

la casa grande así contemplas
la segunda habitación
de esta ciudad amurallada
la que inicia el juego de pelota y recuerda a los abuelos
cuando en esta habitación se cierra la puerta

SECOND ROOM

the cross of silence

      •

    mount

•   of   •   the   •

   crosses

   •

palatkwapi
incarnated city
dwelling of mountains and horizons
the offerings were handed over
and a door was opened in every direction
chants and rivers from the vespers

the pueblo continued night's path
the birds' cages were opened
the sea's waves closed
sand music could be heard
the scarlet water of the spring
your lips touch   paquimé
mount of the crosses   labyrinth of stars

this is how you contemplate the big house
the second room
of this walled city
the one that initiates the ball game and remembers her grandparents
when the door closes to this room

TERCERA HABITACIÓN

        el juego de pelota

                casa amurallada
                casa de pozos
                de los cráneos
        un chapulín   de los hornos de adobe
          murallas encarnadas   juego de pelota
casa de los llanos   viento sin columna   de las nubes   serpiente
    racimo de estrellas en la primera piedra de esta casa

      pabellón del sol   estancia de silencio o cruces en el fuego
              dedos que brotan de la tierra
              dedos que cuentan los días
    palatkwapi   dueña de todos los juegos   del espíritu nocturno
        casa de los labios de un desierto   mar y luna
             dedos de la noche del silencio
                el marco dibujan
              de la cuarta habitación

THIRD ROOM

      the ball game

                walled house
                house of wells
              of craniums
         grasshopper   of the adobe ovens
            incarnated walls   ball game
house of plains   wind without column   of the clouds   serpent
        bouquet of stars in the first stone of this house

      sun pavilion   estate of silence or crosses in the fire
            fingers that bud from the ground
              fingers that count the days
palatkwapi   controller of all of the games   of nocturnal spirit
        house of lips of a desert   sea and moon
          fingers of the night of silence
              draw the frame
              of the fourth room

CUARTA HABITACIÓN

el laberinto de la serpiente

solsticio de verano
reflejo de la sangre   el sacrificio
madrugada en paz
laberinto entre las nubes   es el desierto

fuego nuevo
ávida lengua irrumpe en el corazón
voz ascendente
mar en trazos
si el hombre es un acertijo
en tus muros se esconde la respuesta
entre la arena del laberinto
las aves conocen la salida

la serpiente guardará silencio
el cronista es náufrago   desierto mar
los muros se diluyen bajo lluvias encarnadas
lavándose los signos de los signos

aún queda el reflejo de la jaula
el fantasma de la casa amurallada
el silencio de la cruz

las reglas del juego y del caucho   la pelota
las plumas de una guacamaya
un mapa de barro   la isla en la memoria

FOURTH ROOM

                    the labyrinth of the serpent

                         summer solstice
                    reflection of blood   sacrifice
                         daybreak at peace
              labyrinth between the clouds   it is the desert

                              new fire
                 avid tongue bursts into the heart
                         ascending voice
                          strokes of sea
                         if man is a riddle
                  the answers hide in your walls
                    amongst the labyrinth's sand
                       birds know the way out

                    the serpent will keep its silence
                 the chronicler   a shipwreck   desert sea
               the walls dilute beneath the incarnated rains
                    washing away the signs of the signs

                    the shadow of the cage still remains
                       the illusion of the walled house
                          the silence of the cross

              the rules of the game and of the rubber tree   the ball
                         the feathers of a macaw
                    a clay map   the island in memory

QUINTA HABITACIÓN

la casa de las guacamayas

aquí están los restos de su vuelo
        más plumas
                más alto que la copa de los árboles
                      su nido   selva impenetrable

donde las nubes bajan a llover
        hay una habitación con puerta al sur
            y en el ambiente
                  la sombra extensa de sus rojas alas

en esta jaula se recoge el viento
        el torbellino que sorprende
            la noche ahuyenta
                el grito fresco de las guacamayas

hay aves que descansan de su juego
        en esta habitación del sol
                sombras inquietas   laberintos estelares

flotando sobre el muro de la tarde
    el horizonte es una pluma roja
        limpia el sudor del día que fallece
            y el corazón de los sacrificados

últimas crónicas de paquimé
        escritas sobre el brillo de la arena
            sobre el adobe de la casa
                sobre esta roja soledad   han de dormir

FIFTH ROOM

the house of the macaws

the remains of its flight are here
      more feathers
           higher than the tree tops
                its nest   impenetrable jungle

where the clouds descend to rain
      there is a room with a door facing south
           and in the air
                the extensive shadow of its red wings

in this cage wind is gathered
      whirlwind that surprises
           night that flees
                fresh cries of the macaws

there are birds that rest in its game
      in this room of sun
           restless shadows   stellar labyrinths

floating over the wall of the afternoon
    the horizon is a red feather
      it cleans the sweat of the day that dies
      and the heart of the sacrificed

last chronicles of paquimé
      written over the sand's brilliance
           over the adobe of the house
                over this red solitude   they will sleep

SEXTA HABITACIÓN

       la jaula del silencio

esta noche
en la colmena del silencio   prisioneros
seguimos sentados para no cansarnos
frotamos los cuerpos   brota una chispa
algunos buitres circundan la jaula
pensando que esta vez sí nos comerán

las raíces encontraron en las rocas
la llave que nos daría la libertad
cuando sus ramas se unieron al secreto
un árbol lejano se incendió de gozo

se entreabrió la puerta y escapamos
borramos las huellas de la oscuridad
el pueblo dirigía el canto
la purificación de las estrellas
ellos pensaron que nunca los iban a encontrar
pero las ramas del árbol son celosas
y el silencio no las puede contener
encontraron las puertas abiertas

esta noche
a pesar del cielo y las estrellas
el brillo de la arena   el reflejo de la luna
y las clavículas del sol
desierto mar   cuidan la jaula más grande

SIXTH ROOM

      the cage of silence

this night
in the beehive of silence   prisoners
we remained seated to not tire ourselves
we rubbed our bodies together   a spark buds
some vultures circle the cage
thinking that this time they will eat us

the roots found in the rocks
the key that could liberate us
when its branches united with the secret
a distant tree burned with pleasure

the door opened and we escaped
we erased the footprints of the darkness
the pueblo directed the chant
the purification of the stars
they thought that we would never find them
but the trees' branches are jealous
and silence can't contain them
they found the doors opened

this night
despite the sky and the stars
the brilliance of the sand   the reflection of the moon
and the clavicles of the sun
desert sea   watch over the largest cage

SÉPTIMA HABITACIÓN

el patio central

santuario
la plaza al centro
el sol se desvanece
cuando una planta de maíz
le pide al cielo llueva en este patio

ayer llovió de noche
una mujer salió a bañarse al río
llovió de noche ayer
y ya no regresó

santuario
patio central
aquí una cicatriz
dibuja laberintos en la arena

así es con la pasión
los brazos del desierto
jamás han atrapado
la última gota de amor de los diluvios

SEVENTH ROOM

central patio

sanctuary
the plaza in the middle
the sun disappears
when a maize plant
asks the sky to rain in this patio

yesterday it rained at night
a women left to bathe in the river
it rained at night yesterday
and she never returned

sanctuary
central patio
here a scar
draws labyrinths in the sand

this is how it is with passion
the arms of the desert
have never trapped
the last drop of love of the downpour

OCTAVA HABITACIÓN

      desértica morada

puerta abierta a las creencias
umbral donde los hombres nacen sin ombligo

aquí yace la selva madre
la mujer de un solo pie
la que duerme en la laguna
y en el día vive en una isla solitaria

aquí se refugia la madre del quebranto
aquella que perdió a sus hijos en el canto
aquí corre su llanto
el viejo encanto
el alba que se encierra en la distancia

ésta es la desértica morada
la octava habitación de palatkwapi
el breve reino de la abuela aurora
el pueblo que descansa bajo el río
aquí se destiñe el oscuro de la noche
un augurio
ofrece a la mañana un estandarte
      rosacruz

este es el oráculo de la araña
desértica morada
donde la abuela aurora teje
una malla del sal para la luna
aquí sombras encarnan las palabras
vienen a orar desierto mar   santuarios

EIGHTH ROOM

      desert home

door open to the beliefs
threshold where men are born without belly buttons

here lies the mother jungle
the woman with only one foot
the one that sleeps in the lagoon
and by day lives in a solitary island

here the mother of loss seeks refuge
the one that lost her children in the song
her cry runs here
old enchantment
the dawn that encloses itself in the distance

this is the desert home
the eight room in *palatkwapi*
the brief reign of grandmother dawn
the pueblo that rests beneath the river
here the darkness of the night bleeds
an omen
offers to the morning a banner
      rosicrucian

this is the spider's oracle
desert home
where grandmother dawn knits
a salt net for the moon
here shadows incarnate words
they come to pray desert sea   sanctuaries

DESIERTO MAR

DESERT SEA

CRÓNICA ORIENTAL

PEREGRINO

amanece y empieza otra jornada
sobre la arena descansan sus huellas
él no sabe que el desierto exige sacrificios
que en el sendero encontrará su vida
ya lo verá frente a los espejismos
lo entenderá al caminar sobre el desierto
al encontrar su rostro en las rocas
cuando pierda su luz entre los pies
en los resquicios de la noche
poco antes de exhumarse bajo el consejo de los cuatro vientos

CHRONICLE OF THE EAST

PILGRIM

day breaks and another journey begins
his footprints rest over the sand
he does not know the desert demands sacrifices
that in the path he will find his life
soon he will see it faced with the illusions
he will understand it upon walking over the desert
upon finding his face in the rocks
when he loses his light between his feet
in the cracks of night
just before he unearths himself under the council of the four winds

CRONISTA

el escribano vierte sus llagas en la tinta
sus pies desnudos se hunden junto al calor de las raíces
sus huellas   expresión del viento sobre dunas
es mediodía   una tormenta se levanta
el astrolabio dicta la dirección de las palabras
        esa tarde
                el escribano alcanza el terreno más llano de la estepa
dibuja en la cubierta de su libro
mapas de una crónica demente
en un lenguaje que se mide a palmas
        hay mucha tierra   un recorrido   nada sagrado

CHRONICLER

the calligrapher empties his wounds into the ink
his naked feet sink next to the warmth of the roots
his footprints   expression of the wind over dunes
midday   a storm stands
the astrolabe dictates the direction of words
          that afternoon
                    the calligrapher arrives to the steppe's flattest point
he draws maps of a demented chronicle
on the cover of his book
in a language that is measured by palms
          there is much land   a journey   nothing sacred

JORNADA

el cronista rasga a ciegas el velo de la arena   le brotan
las palabras a un peñol   surge incesante
su voz en la noche
al descansar los ojos   la luna cultiva perlas de rocío
contempla de sus rayos el esplendor divino
en la noria escribe
         hace otra pausa
                 continúa el rumbo

JOURNEY

the chronicler blindly scratches the veil of the sand   words sprout
from a rock   its voice
incessantly arises up at night
upon resting his eyes   the moon cultivates pearls of dew
he contemplates the divine splendor of its rays
writes in the water wheel
      pauses
            continues the course

CRÓNICA

tenías tanto que contar y tanto que escribir
que en la lluvia aprendiste la manera de explicarlo
desclavaste de tu piel los cerrojos de piedra
y en cabo suelto ataste los mástiles de las nubes
        tus pies sobre la arena

tenías tanto que contar y tanto que escribir
en esa crónica demente   te olvidaste de ti mismo y describiste
el atuendo de las águilas   y en las piedras su recóndito santuario
del viento el mutis y el rugido del león en las montañas

la cruz de la luna pintaste en tu mirada   caminaste
hacia el este   buscabas el mar que te meció en el arca
avanzabas por la orilla de este río   hasta su nacimiento
quisiste volver sobre la diestra mano   el fuego de ayer
las huellas de arena
        tus pies descalzos en la ardiente arena

CHRONICLE

you had so much to tell and so much to write
that you learned how to illustrate in the rain
you pulled rock bolts from your skin
and on a loose end you tied the cloud's masts
      your feet on the sand

you had so much to tell and so much to write
in that demented chronicle   you forgot about yourself and described
the eagles' garments   and in the rocks its hidden sanctuary
from the wind its exeunt and the lion's roar in the mountains

you painted a moon cross in your sight   you walked
to the east   searching for the sea that rocked you in the ark
you advanced along the banks of this river   to the spring
you wanted to turn to the right   yesterday's fire
sand footprints
      your naked feet over the scorching sand

CONTINUIDAD

el rayo iluminó la tarde   la lluvia te pisaba los talones
la llagas te dijeron   estás solo

viste llorar a un hombre en el mayor de los segundos
el sol todavía vivo golpeó tu rostro con su cetro y su corona

después nada supiste ya del hombre que lloraba
quizás fue bendecido por la lluvia
absuelto por el brillo de la arena
incinerado bajo el firmamento

buscaste inútilmente   hasta el anochecer
ahí encontraste la evidencia
        una lágrima encerrada en el diamante del cielo

seguiste de frente   donde la roca se desdobla
donde el desierto de tus pies tomó el color de la granada

al escribir la crónica de tus hazañas
hablaste con la noche que se guarda en los ojos de los cuervos
        estabas completamente solo

CONTINUITY

lightening illuminated the afternoon   rain closely followed you
the wounds said   you are alone

you saw an old man cry in the greatest of seconds
the sun still strong hit your face with its scepter and crown

after you heard nothing of the man that cried
perhaps he was blessed by the rain
absolved by the sand's splendor
incinerated under the heavens

you uselessly searched   until nightfall
there you found the evidence
        a tear enclosed in the diamond of the sky

you continued forward   where the rock unfolds
where the desert of your feet took the color from the pomegranate

upon writing the chronicle of your findings
you spoke with night that the crow guards in his eyes
        you were completely alone

LAS VÍAS

es el desierto
como una larga cicatriz
las montañas
disfrazan el camino
                          un cielo   el horizonte
cuando un tren avanza por la arena de la rosa
a lo lejos se pierde su sombra   evaporándose
en la lengua pegajosa del coyote
donde el calor descansa en los durmientes

THE TRACKS

the desert is
like a long scar
the mountains
disguise the pathway
                              a sky   the horizon
when a train advances through the sand of the rose
in the distance its shadow disappears   evaporating
into the sticky coyote tongue
where heat rests over the railroad ties

PRISIONEROS

el río viaja junto al tren
las puertas del vagón ya no se abren
ellos se ofenden entre sí

después recuerdan que el hielo flota sobre el agua
rasgan su pecho
beben el sudor de la desdicha que acompañan

él carga una cruz en el bolsillo
escarba el suelo del vagón
la muerte

ellos creen ver la tierra prometida
se sientan a observar su propia suerte en la pupila de los otros
se inscriben en la historia del desierto

él sólo regresó para contarlo   para escribir la crónica demente
y al rasguñar el suelo del vagón   quizás
alguna vez lanzar hielo sobre el agua

PRISONERS

the river travels next to the train
the box doors no longer open
they offend one another

afterwards they remember that ice floats over water
they scratch their chests
they drink the sweat of the bad-luck that they accompany

he carries a cross in his pocket
he digs at the box car's floor
death

they think they see the promised land
they sit to observe their own fate in the others' pupils
they write themselves into the desert's history

he only returned to tell the story   to write the demented chronicle
and on scratching the box car's floor   perhaps
throw ice over the water sometime

TREGUA

en el desierto
   de noche el tren descansa
      los últimos suspiros de los hombres

TRUCE

in the desert
    at night the train puts to rest
        the last sighs of the men

MÉDANOS

(LA ESTRELLA)

abrir de par en par las puertas
del canto suave de la noche

a punto de atrapar el rayo
sentir la llamarada

aquí estás hermana loba

desenterrando pueblos
        iluminando los resquicios
interpretando amores
                donde la soledad
es barro
    navega entre la lluvia

DUNES

(STAR)

wide open doors
of night's calming chant

on the verge of trapping lightning
feel the flare

you are here sister wolf

digging up pueblos
        illuminating cracks
interpreting lovers
                      where solitude
is clay
    navigates between the rain

(EL ÁRBOL)

no esperaba ser el mástil
        de una barca navegando el viento norte
                la clavícula en la noria

no esperaba cicatrices de cadenas
        los nombres del primer
                amor en su corteza

tan cercano al pozo el árbol
        arde en silencio frente al horizonte
                cambia su follaje de color

es otoño   cuando el filo de sus ramas
        con fervor se hunde
                en las estrellas

(TREE)

did not expect to be the mast
        of a boat navigating northern winds
                clavicle in the water wheel

did not expect scars from chains
        the names of first
                loves in its bark

so close to the well   the tree
        burns in silence facing the horizon
                its foliage changes color

it is fall   when the blade of its branches
        fervently sinks
                into the stars

(EL ORÁCULO)

hay bajo la huella del cometa
un pueblo incinerado
rastros de lluvia que despintan cielos

hay sombras que se adhieren a tus brazos
una confesión que las sombras esperan
un amanecer que divaga
hay en tu cuerpo una espina de más

un canto que aún promete a los incrédulos
la tierra prometida de los vientos
una estrella corriendo junto al lobo

bajo el cielo gris de la ciudad
hay un augurio
    tú canta al mar que yo al desierto

(ORACLE)

beneath the footprint of the comet
an incinerated pueblo
traces of rain that discolor skies

there are shadows that adhere to your arms
a confession that shadows await
a daybreak that rambles
in your body there is one more thorn

a chant that still promises heretics
the promised land of the winds
a star running next to the wolf

beneath the gray sky in the city
there is an omen
    you sing to the sea what I to the desert

(EL POEMA)

navega sobre dunas
al sacudir la tinta
hay calma en el desierto
        del viaje recuerda unas palabras
en silencio

regresa al río
completamente solo
de noche y entre el caos
        un naufragio
él apostó y perdió en el juego   un cometa
inalcanzable
        inmerso en su horizonte
        ojalá no se pierda

(POEM)

navigates over dunes
upon dusting the ink
there is peace in the desert
        remembers words from the journey
in silence

returns to the river
completely alone
at night and amongst the chaos
        a shipwreck
he bet and lost in the game   a comet
unreachable
        immersed in its horizon
        may he not lose his way

(LA TARDE)

giran las canas del abuelo río
        sobre un atardecer   un fondo rojo
        soplo de viento

(AFTERNOON)

grandfather river's silver hair rustles
        over a night fall   a red background
        gust of wind

(EL SUEÑO)

la noche venció tu custodia
huyó con las artistas de una estrella
con el ardid del llanto

ritmo lunar
ahora que hay distancia de por medio

cuál es la diferencia entre envidiar
la piel violeta de tu cuerpo
y contemplar naufragios en la luna?

(DREAM)

night defeated your watch
it fled with the lights from a star
with the ruse of the cry

lunar rhythm
now that there is distance

what is the difference between envying
your body's violet skin
and contemplating shipwrecks on the moon?

(LAS PALABRAS)

vuelven al mar
dan pálpito a su corazón violeta
impregnan su aroma en el origen
se entregan a la noche   revelan el secreto
               la misma luna

(WORDS)

return to the sea
beat their violet heart
impregnate the origin with their aroma
hand themselves over to the night   reveal the secret
                    the same moon

(EL CANTO)

al desplegar tu piel sobre la hierba
        yo lobo me uncí al canto   esperé
ansiosamente la respuesta
        nacimos en la misma madriguera
espíritu gemelo   me dijiste
        tú y yo nacimos en la misma madrugada
y aquellos ilusos cazadores que llegaron a pisar nuestro
desierto   el trayecto que recorre el pergamino
        hasta llegar al mar
encontraron el bello rostro de la muerte
        entre las fauces del encanto

(CHANT)

upon unfolding your skin over the grass
        I wolf joined the song   I awaited
anxiously the answer
        we were born in the same den
soul mate   you said to me
        you and I were born the same morning
and those misled hunters that came to cross our
desert   the path the parchment runs
        to the sea
they found death's beautiful face
        in enchantment's jaws

TRINCHERAS

EL PUEBLO

en este costal de arena y sombras
el pueblo lleva espinas del desierto

rojas piedras sobre piedras rojas
y el umbral de la primera casa

camina la vereda
profunda de soledad

persigue las huellas de la noche
baja por los cauces de la lluvia

por la espiral del cielo
sobre el cristal desierto de su huella

se esfuma como el espejismo
la historia de un pueblo vagabundo

en sus manos late una canción
y en sus palabras   lava candente

un ave ha dejado de volar
contempla el camino de su pueblo

Juan Armando Rojas Joo

TRENCHES

PUEBLO

in this sack of sand and shadows
the pueblo carries desert thorns

red rocks over red rocks
and the threshold of the first house

walks along the deep
path of solitude

pursues night's footprints
descends the bed of the rain

through the sky's spiral
over the crystal desert of its footprint

disappears like the mirage
the story of the vagabond pueblo

in its hands beats a song
and in its words   burning lava

a bird has stopped flying
contemplates the path of its pueblo

conoce de antemano la batalla
los nombres   las huellas   la ceniza

sabe que tendrá que dar respuesta
sin perturbar el corazón de los coyotes

a la aurora tendrá que dar respuestas
responder fielmente a los augurios

y permanecer contemplativo
cuando el desierto lo cuestione

it knows beforehand the battle
names   footprints   ash

it knows that it will have to respond
without bothering the coyotes' heart

to the dawn it will have to respond
reply faithfully to the omens

and remain contemplative
when questioned by the desert

OJO DE AGUA

seis leguas antes de llegar al ojo de agua se anuncian las familias
sabemos que el viejo valle al fin se poblará

un lijador de escarcha fuma pipa a la deriva
y habla de una mujer
que se ahoga cada noche en el pozo del pueblo

recuerda a un hombre acribillado
en la noche de san juan
por beber agua del ojo
y una abuela que teje mallas de sal con el rocío

hay pastos seis leguas antes de llegar
y no se sabe si señal de alto

mientras   se esparce la semilla
seis leguas antes de pasar el ojo
haciéndola rodar sobre la alfombra nacarada

WATERHOLE

six leagues before arriving to the waterhole families announce themselves
we know that the old valley will be populated at last

a frost sander smokes a pipe adrift
and speaks of a woman
that drowns every night in her pueblo's well

he remembers a man riddled
for drinking water from its source
on the night of saint john
and a grandmother that knits salt nets with dew

there are good pastures six leagues before arriving
and we don't know if the sign for settling

while   the seed scatters
six leagues before passing the water spring
making it roll over the plush carpet

EL PEÑOL

en su peregrinaje
llegaron al peñol de los coyotes

al lado de los cerros
ahí se construyeron las trincheras

sembraron la semilla de los dioses
y aguardaron la lluvia

alzaron edificios
según les indicaba el horizonte

pasado el temporal
se cosechó el maíz

alimentaron siete ciudades
durante todo el año

en uno de los montes
los niños encontraron manantiales

crecieron las familias
los hombres construyeron más trincheras

planicies sobre el viento
observatorios

el quinto año se negó la lluvia
y muchos murieron

THE ROCK

in their pilgrimage
they arrived to the coyotes' rock

next to the mountains
they built trenches

they planted the seed of the gods
and waited for rain

they erected buildings
according to the horizon's indications

passed the season
maize was harvested

they feed seven cities
during the year

in one of the mounts
the children found springs

families grew
men constructed more trenches

plains over the wind
observatories

in the fifth year there was no rain
and many perished

durante un mes oraron bajo el cielo
de cada madrugada

hicieron sacrificios
pero los dioses no escuchaban

los jefes de los clanes se reunieron
clamaron a la aurora

tras la voz del oráculo
abandonaron las ciudades

juntaron plumas   hicieron alas
y volaron

algunos se quedaron
y siguieron la sombra del coyote

así lo observo
y escribo de mi mano

during one month they prayed beneath the sky
of every daybreak

they made sacrifices
but the gods didn't listen

the heads of the clans united
cried out to dawn

in search of the oracle's voice
they abandoned the cities

they gathered feathers   they made wings
and flew

some stayed
and followed the shadow of the coyote

this is what I observe
and write with my hand

BAJO EL SANTUARIO

los coyotes
contra la luna
observaron el vuelo de las aves
pidieron alas
para ver más allá de los peñoles

salieron por la noche
se deslizaron bajo las estrellas
hasta llegar al mar
donde extraviaron la sombra de su pueblo

durmieron en las cuevas
y llenaron la tierra de tambores

volvieron a cíbola
volvieron con las nubes
y bajo los santuarios
sepultaron los huesos de la lluvia

BENEATH THE SANCTUARY

coyotes
against the moon
observed the birds' flight
they asked for wings
to see beyond the caves

they left at night
slithered beneath the stars
until they reached the sea
where they extracted the shadow of their pueblo

they slept in the caves
and filled the earth with drums

they returned to cibola
returned with the clouds
and beneath the sanctuaries
they buried the bones of the rain

TRINCHERAS

en las trincheras del peñol de los coyotes
    las rocas sudan
donde no hay gota de agua que baje de los cielos
    se vive en el espacio más ausente

el polvo se repliega en los rincones
    en los renglones se refleja
pasan los meses   llega el monzón

la nube pesada y lenta se abre y se derrama
    llueve en el ocaso
cae la gorda gota
    ese candil que lo ilumina todo

TRENCHES

in the trenches of the coyotes' cave
    the rocks sweat
where not a drop of water falls from the sky
    one lives in the most absent space

dust doubles in the corners
    it is reflected in the lines of the page
months pass by   the monsoon arrives

the heavy slow cloud opens and pours
    it rains at sunset
the large drop falls
    that candle that illuminates everything

LLUVIA

le llaman lluvia
cae
es tan fértil que le llaman lluvia
los bautiza y se le nombra
lluvia   los relojes se cambian por goteros
difícil conseguir arena

tedio   a veces se le llama tedio
se evapora
es constante y sólo cambia de rumbo
con el viento

le llaman esperanza
nube
es tan frágil que le llaman
esperanza
a veces se extravía o se la lleva el aire
y si la encuentran
¡llueve en el desierto!

RAIN

they call it rain
falls
so fertile they call it rain
it baptizes them and they call it
rain   clocks are exchanged for droppers
difficult to find sand

boredom   sometimes they call it boredom
evaporates
it is constant and it only changes directions
with the wind

they call it hope
cloud
so fragile they call it
hope
sometimes it gets lost or the air carries it away
and if they find it
it rains in the desert!

LLOVIÓ TANTO

para de llover   el aguanoche se evapora   estatua de sal
abandonas las trincheras   bajo el polvo de las rocas
disimulas tus recuerdos

si llueve otra vez   estatua de sal   podrás disolverte
condensar la nube   los llantos   en el viejo paraguas
o en la expresión del mar

IT RAINED SO MUCH

it stopped raining   the nocturnal dew evaporates   salt statues
you abandon the trenches   beneath the dust of the rocks
you hide your memories

if it rains again   salt statue   you could dissolve
condense into the cloud   the cries   in the old umbrella
or the sea's expression

EL VIEJO CAUCE

termina la sequía   hay una división en la ciudad
un puente   se compra y se vende un callejón
hay un pueblo en el río   logran desviar las aguas y se planea
la guerra   a punto de cruzar o sobre el cauce
construimos casas mientras la lluvia cae

es día de san juan   hay una tregua   llueve
sobre la casa más lejana   llega el invierno y se hiela el río
termina la tormenta y el conflicto continúa   hay que esconderse
en las trincheras   irse a vivir al viejo cauce
pedir la paz   hoy que la presa tiembla frente al viento

THE OLD RIVER BED

the drought passes   there is a division in the city
a bridge   one buys and sells an alley
there is a pueblo in the river   they manage to divert the waters and plan
a war   on the verge of crossing or over the old riverbed
we build houses while the rain falls

it is the day of saint john   there is a truce   it rains
over the most distant house   winter arrives and the river freezes
the storm ends and the conflict continues   they will have to hide
in the trenches   go live in the old river bed
ask for peace   today that the dam trembles facing the wind

ÚLTIMO SANTUARIO

LAST SANCTUARY

CALLEJONES

I

las vías de tren sobre el desierto
son una escalera abandonada bajo el sol

en bello rostro una marcada cicatriz
el cauce de un río en la sequía

rayos de luz   huellas en la arena
son dos columnas   dos horizontes

también así es el callejón en el desierto
un espejismo paralelo al mismo instante de morir de sed

ALLEYS

I

the train tracks over the desert
are an abandoned staircase beneath the sun

on a beautiful face a raised scar
the riverbed during the drought

rays of light   footprints in the sand
are two columns   two horizons

this is also the alley in the desert
an illusion parallel to the exact moment of dying of thirst

II

la lluvia en el desierto también es callejón
un paso estrecho y largo en el abismo de los cielos

es una calle sin salida –dicen–
una muralla que se yergue destructiva ante el silencio

cae el rayo   árbol fugaz   hermoso y peligroso
luz de bengala   los juegos pirotécnicos del cielo

así empieza el diluvio en el desierto y el callejón
se nos presenta como un laberinto dibujado en cada gota de la lluvia

II

the rain in the desert is also an alley
a long and narrow passage into the abyss of the skies

it is a dead end street —they say—
a wall that stands destructive facing silence

lightening falls   shooting tree   beautiful and dangerous
spotlight   the sky's fireworks

this is how the flood begins in the desert and the alley
appears to be like a labyrinth drawn in every drop of rain

III

la velocidad con que se viaja en el desierto
depende del pie con que se cante la jornada

en el desierto   la distancia entre dos puntos
inicia y termina en el mismo callejón

el tiempo en el desierto no mide la distancia
pues siempre el callejón se ve rodeado de espejismos

III

the speed with which you travel in the desert
depends on the foot that chants the journey

in the desert   the distance between two points
begins and ends in the same alley

time in the desert does not measure distance
since the alley always finds itself surrounded by illusions

CALLEJÓN DE ARENA

I

el huracán   la lluvia   el desierto   –dijiste–
y en los santuarios vendes augurios de papel

tengo en la piel tatuado un mar desierto
un callejón de arenazul
un caracol de río
de la noche   dos astros encendidos

tengo las cenizas   –dijiste–
de cierto mar abandonado por los vientos
      prisioneros tengo al huracán
     la lluvia y el desierto
      prisionero el cielo   el fuego

   el corazón del mar

Juan Armando Rojas Joo

ALLEY OF SAND

I

   hurricane   rain   desert   – you said–
and in the sanctuaries you sell paper omens

I have tattooed on my skin a desert sea
an alley of blue sand
a shell from the river
from the night   two ignited stars

I have the ashes   –you said–
of a certain sea abandoned by the winds
        prisoners I have the hurricane
        the rain and the desert
        prisoner the sky   the fire

   the heart of the sea

II

en el peregrinaje
fragmentos de la luna vi en el mar

un cielo avergonzado
diluvios reposando en el desierto

vi huellas de tu paso
en este callejón de lunazul

y contemplé en la sombra
la jaula en que encerraste cielo y mar

II

in the pilgrimage
I saw in the sea fragments of moon

an ashamed sky
floods resting in the desert

I saw the footprints of your stride
in this alley of bluemoon

and I contemplated in the shade
the cage where you enclosed sky and sea

III

vengo a liberar las aves que has hurtado
he venido a liberar el viento
el río   la lluvia del desierto

> *tengo prisionero el mar...*
> *tengo prisionero el cielo...*

aquí tengo la llave   la jaula voy a abrir

III

I come to free the birds you have stolen
I have come to free the wind
the river   the rain in the desert

> *I hold captive the sea...*
> *I hold captive the sky...*

here I have the key   the cage I will open

CALLEJÓN DE LAS ESTATUAS

I

los vientos de otoño se retiran
      las máscaras del árbol
      se ocultan a dormir

caminas sobre un río congelado
      sobre la noche fría
      te alegra caminar sobre la blancarena
      la cicatriz del hielo

en la vigilia que la noche ofrece
      copos de cuarzo
      caen sobre ti

Juan Armando Rojas Joo

ALLEY OF STATUES

I

autumn winds retire
    the masks of the tree
    hide when they sleep

you walk over a frozen river
    over the cold night
        it pleases you to walk over white sand
        the scar of the ice

in the vigil that the night offers
    flakes of quartz
    fall over you

II

piedra de río
en la dureza de tu piel
el palpitar del agua recuperas

no te sorprenda el escultor
si al detallar tu forma
se ahoga en la corriente

en los fragmentos de la lluvia
la sangre de tus venas hervirá
la estatua de este callejón

como la piedra que al brillar palpita
como este río   siempre como el río
la sombra de la luna   tu perfil

II

river rock
in the hardness of your skin
you recover the beat of the water

the sculptor doesn't surprise you
if he drowns in the current
upon detailing your form

in the rain fragments
the blood of your veins will boil
the statue of this alley

like the rock that upon shinning beats
like this river   always like the river
shadow of the moon   your profile

III

en este callejón   la estatua
de un río encarna en una rosa
pregunta al fuego del oráculo
si las aves en su vuelo se evaporan

de noche   se lamenta
        llora como a los pies del escultor
        llora ese llanto que beben las piedras
        llora ese llanto que fecunda

en el amanecer   la estatua
de un callejón   despierta en el río
el pueblo que se ahoga en la memoria
vuelve a preguntar si los peces volverán

el río se lamenta
una mujer conoce el sufrimiento
se acerca y lo acaricia
una mujer navega por sus aguas

III

in this alley   the statue
of a river incarnates into a rose
asks the oracle's fire
if the birds in their flight evaporate

at night   grieves
        cries like at the feet of the sculptor
        cries that cry the rocks drink
        cries that cry that inseminates

at daybreak   the statue
of an alley   awakens in the river
the town that drowns in the memory
asks again if the fish will return

the river grieves
a woman knows suffering
she grows close and caresses it
a woman navigates its waters

CALLEJÓN NOCTURNO

I

aquí donde se funda la marea
se invierte el mundo
en la alcoba luna y sol se aman
el velo de la aurora los protege

porque la arena es cruda
este nocturno se levanta
en medio de una pesadilla
pero los sueños siguen

las vírgenes del cielo   las estrellas
navegarán al fin
sobre un desierto mar
porque la luna pasa y no la muerte

Juan Armando Rojas Joo

NOCTURNAL ALLEY

I

here where the tide begins
the world inverts itself
in the chamber moon and sun make love
dawn's veil protects them

because the sand is crude
this nocturne stands
in the middle of a nightmare
but the dreams continue

the virgins of the sky   the stars
will finally set sail
over a desert sea
because the moon passes and not death

II

aquí la noche se despierta
con el violento beso
el grillo canta y al morir
la muerte ve soñando

porque el nocturno es la palabra vaga
y zurce las penas de la navegación
y porque la palabra está escondida
surge en alta mar el corazón

aquí donde se funden noche y día
la luna pasa y no la muerte
donde confunde el colibrí los sueños
el desierto reproduce laberintos

II

here night awakens
with the violent kiss
the cricket chants and upon dying
sees death dreaming

because nocturne is a vague word
and mends navigation's sorrows
and because the word is hidden
the heart anchors at high sea

here where night and day fuse
the moon passes and not death
where the hummingbird confuses dreams
the desert reproduces labyrinths

III

por eso los santuarios
las huellas congeladas en la arena
por eso el canto de la aurora
y las montañas la mirada férrea

pues ya de noche carecen las flores
la color desnuda   el canto primitivo
la araña se confiesa
frente al espejo teje su destino

por eso canto en el desierto   para
extirpar la cordura de este viaje
seducir la noche   amar a la luna
porque la luna pasa y no la muerte

III

hence sanctuaries
footprints frozen in the sand
hence the song of dawn
and the mountains the ferrous gaze

well night already lacks flowers
the naked color   primitive song
the spider confesses
in front of the mirror knits her destiny

hence I sing in the desert   in order to
abolish sanity from this journey
seduce the night   love the moon
because the moon passes and not death

CALLEJÓN DE LOS OLVIDOS

I

hace un mes que te marchaste
ayer llegó tu carta

no quiero abrir el sobre
ni ver más ademanes blancos
brotar de tus palabras

no quiero abrirlo   de verdad no puedo
no quiero ese desierto

hoy es el día más largo del año
ya son las ocho o quizás las nueve
y no viene la noche

Juan Armando Rojas Joo

ALLEY OF OBLIVION

I

one month has passed since you left
yesterday your letter arrived

I don't want to open the envelope
nor see more white signs
bud from your words

I don't want to open it   truthfully I can't
I don't want that desert

today is the longest day of the year
it is already eight or perhaps nine
and night doesn't fall

II

te digo que hoy ha sido largo el día
nevó toda la noche
y toda la semana

las huellas de la luna se congelan
y dejan en los copos de cristal
retratos del silencio

bajo espinas de cristal un mar de sombras
alguna sierpe errante
su canto se alza sostenido

un hambriento zorro la quiere atrapar

II

I tell you that today has been a long day
it snowed all night
and all week

the moon's footprints freeze
and leave behind over the crystal flakes
portraits of silence

beneath thorns of crystal a sea of shadows
some wandering serpent
her song sustains its crescendo

a hungry fox wants to trap her

III

es el día más frío del invierno
afuera hay un diluvio
en este callejón de los olvidos

lo sé muy bien   aurora
tú escribiste la primera palabra

te fuimos persiguiendo
recuerdos y santuarios

con hilo de las cruces
bordaste la sábana de rosas

III

it is the coldest day of winter
outside there is a flood
in this alley of oblivion

I know it very well   dawn
you wrote the first word

we went pursuing you
memories and sanctuaries

with cross stitches
you knit the sheet of roses

CALLEJÓN DE OFRENDAS

I

por el cielo del otoño avanza
el canto fresco de intensa madrugada

quieres cruzar los puentes suspendidos
una ciudad que el sueño inventa
quieres llorar en este callejón
en medio del desierto

te vestirás de muerte y morirás
como la muerte muere
lejana como el viento de una ofrenda
de cierto mar desierto de oración

Juan Armando Rojas Joo

ALLEY OF OFFERINGS

I

the fresh chant of intense morning
advances through the autumn sky

you want to cross suspended bridges
a city which dreams invent
you want to cry in this alley
in the middle of the desert

you will dress in death and will die
like the distant death dies
like the wind of an offering
of a certain sea deserted of prayer

II

hay conchas de mar tras la escalera
aquí moran los cantos

en la penumbra de este callejón
llanto de ángel

aquí hacen el amor   olvidan templos
descubren la humildad   y vuelven

la sombra   navaja de la noche
los viene a distanciar

II

there are sea shells behind the stairs
thereupon songs live

in the darkness of this alley
angels weep

here they make love   forget temples
discover humility   and return

shadow   night's knife
comes to distance them

III

en este callejón de las ofrendas
siete jornadas largas
regresarán los pueblos a la noria
y volverán al alba
y arrastrarán su sombra
tan largo sea el camino de la aurora

en este callejón   ofrendas
milagro y equilibrio
hierra la muerte
bajo la lluvia
y brota de su boca
la vida que parece una vertiente

III

in this alley of offerings
seven long journeys
the pueblos will return to the water wheel
and to the dawn
and they will drag their shadow
as far as dawn's path

in this alley   offerings
miracle and equilibrium
brand death
under the rain
and from its mouth buds
life that seems like a slope

Santuarios   desierto mar / Sanctuaries   Desert Sea

CALLEJÓN DE LAS PALABRAS

I

sobre el cauce de este viejo río
la luna confió a la piedra su secreto

incisos de luz en la oscuridad
signos que se leen   sólo el desierto

errabundo viento que el molino enfrenta
en la arena mítica de paquimé

Juan Armando Rojas Joo

ALLEY OF WORDS

I

over the bed of this old river
the moon confided its secret in the rock

cuts of light in the darkness
signs that are read   only the desert

drifting wind that the mill faces
in the mythic sand of paquimé

II

la roca inscribe
las siete crónicas de chiricahua
en tablas de barro

pasan las lluvias y la piel transcribe
la fábulas del clan de palatkwapi
en mapa de los ocho callejones
la historia de la aurora

al filo del agua
pasan los años en el pueblo
así es la relación que lo atestigua

II

the rock inscribes
the seven chronicles of chiricahua
in clay tablets

the rains pass and the skin transcribes
the fables of the *palatkwapi* clan
the map of the eight alleys
dawn's story

at the edge of the storm
the years pass in the pueblo
to it this relation testifies

III

aquí   en el callejón de las palabras
hay un pincel en cada gota de lluvia

una historia por contar   en las piedras
una palabra   una tabla con renglones

hay una pequeña ventana tras las nubes
donde los pájaros aprenden a leer

la semántica de las cuatro estaciones
cantos que en la noche se interpretan

en el espejo del río   hay una historia por contar
entre las piedras   una oración por escribir

III

here   in this alley of words
there is a brush in every drop of rain

a story to tell   in the rocks
a word   a lined board

there is a small window behind the clouds
where birds learn to read

the semantics of the four seasons
chants interpreted in the night

in the river's mirror   there is a story to tell
between the rocks   a prayer to write

CALLEJÓN DE LOS SANTUARIOS

I

hay en éste   una ciudad
olor a graffiti   tatuaje en el río

por su caudal baja tu nombre   abuela aurora
entre negras piedras   la isla se escuda en la memoria

aquel día parece tan distante
la noche es perseguida por tus pasos

hay sombras de tu arcano en la ciudad graffiti
un árbol incrustado en la espiga del agua

Juan Armando Rojas Joo

ALLEY OF THE SANCTUARIES

I

in this alley   there is a city
smell of graffiti   tattoo on the river

your name runs in its river   grandmother dawn
amongst black rocks   the island imprints itself on our memories

that day seems so distant
night is pursued by your steps

there are shadows of your mysteries in this graffiti city
there is an engraved tree on the water husk

II

inicias la lectura
en la danza participas
enseñas el lenguaje de las dunas

en este callejón
un río
en el que esparces las cenizas
de tu piel tatuada

tomas el bastón
la flor de amate
y en su semilla va la aureola de sólo el río

en este callejón también el mar
o las palabras
hablando como un espejo

II

you initiate the reading
participate in the dance
teach the language of the dunes

in this alley
a river
in which you scatter the ashes
of your tattooed skin

you grab the cane
the *amate* flower
and in its seed travels the aureole of only the river

in the alley also the sea
or the words
speaking like a mirror

III

cuando se grabe en la roca el tatuaje
vestirás de nocheaurora

como el reflejo de la luna sobre el río
(lenguaje que aprendiste en el desierto)
navegarás la tinta de tu piel sobre una barca

en el pueblo serás un marcador de flores
un valle rescatando los recuerdos

regresarás a paquimé
y en este callejón de los santuarios
en el oráculo tu nombre esculpirás

III

when the tattoo is carved on the rock
you will dress in night dawn

like the reflection of the moon over the river
(language that you learned in the desert)
you will navigate your skin's ink over a ship

in the pueblo you will become a flower peddler
a valley recovering the memories

you will return to paquimé
and in this alley of sanctuaries
in the oracle your name you will sculpt

Advanced Praise / Commentarios críticos

Juan Armando Rojas Joo has created a stunning collection of poems in which he evokes in a panoramic fashion the mysterious and mythic beauty and inherent danger of the astonishing sweep of the great deserts that dominate the landscape of so much of the U.S.-Mexico borderlands. While he includes references to the physical topography of the deserts and the flora and fauna that inhabit them, his intent is to chronicle the ancient civilizations such as that Paquimé in the state of Chihuahua that thrived as a vigorous religious, cultural, and commercial crossroads for centuries, and to draw on these civilizations for sustenance in a contemporary world. The reader catches glimpse of those peoples moving inexorably north in search of an illusory promised land all the while struggling to survive the indignities and cruelties of such a trek, but also finding shelter and sustenance in the sanctuaries that the deserts afford them just as they have for the millennia of human migrations. This is in keeping with the title, "Santuarios desierto mar," that sets a tone for the seeming paradoxes, or at least the jarring contrasts, that form the backdrop for many of the poems. The translations by Jennifer Rathbun that are sensitively rendered succeed in capturing the spirit of the, sometimes opaque, imagery and nuanced language of the original Spanish. She reflects a deep familiarity with poetry in both languages.

Dr. Charles Tatum,
Professor of Latin American and U.S.
Latino literature and popular culture, The University of Arizona

Juan Armando Rojas Joo ha escrito una sorprendente colección de poemas. En ella evoca, de manera panorámica, la mítica y misteriosa belleza y el peligro inherente de la asombrosa y árida extensión que domina el paisaje de buena parte de la zona fronteriza México-Estados Unidos. No obstante incluye referencias a la topografía física de los desiertos, así como la flora y fauna que habitan en ellos, su intención es hacer una crónica de las antiguas civilizaciones como la de Paquimé en el estado de Chihuahua. Esta cultura prosperó como una vigorosa encrucijada religiosa, cultural y comercial durante siglos, y Rojas Joo se basa en esta civilización buscando apoyo en un mundo contemporáneo. El lector captura esos pueblos que inexorablemente avanzan hacia el norte en busca de una ilusoria tierra prometida mientras luchan por sobrevivir a las humillaciones y crueldades de la extensa jornada. También buscan refugio y sustento en los santuarios que el desierto les ofrece como tal ocurrió durante las milenarias migraciones humanas. Existe una consonancia con el título, "Santuarios desierto mar", que marca el tono de las paradojas aparentes, o al menos los contrastes estridentes, y forman el telón de fondo de muchos de los poemas. Las traducciones de Jennifer Rathbun se representan con sensibilidad y aportan con éxito el espíritu de la imaginería a veces opaca y el lenguaje matizado del español original. De tal modo la traductora refleja una profunda familiaridad con la poesía en ambos idiomas.

Dr. Charles Tatum,
Profesor de literatura y cultura latinoamericanas y U.S. Latino,
Universidad de Arizona

Dialogues with memory, contemplation of his surroundings, prophecies transcribed as metaphors, Juan Armando Rojas Joo's poetry is a reflection of his soul. Perhaps his captivating tone originates from there, from that mysterious inspiration that makes us feel as if we were listening to a primordial song.

Eduardo Parra, Mexican writer and essayist

El poemario *Santuarios desierto mar / Sanctuaries Desert Sea* de Juan Armando Rojas Joo invita a adentrarse en un cautivador desierto de la frontera. Llevado por impresiones sumamente densas, el lector se sumerge en un mar de imágenes aparentemente tangibles; se siente unido al cronista y, olvidándose de sí mismo, quiere, como éste, describir el atuendo de las águilas.

Dr. Yasmin Temelli
Heinrich-Heine-Universität Düsseldorf / Alemania

Jennifer Rathbun logra una excelente traducción en *Santuarios desierto mar*, libro del poeta transfronterizo Juan Armando Rojas Joo que canta a ese primigenio encuentro de dos culturas muy distintas, la indígena mítica y la de los cronistas españoles. Sin duda alguna un poemario que merece leerse.

Dr. Sergio M. Martínez
Associate Professor of Spanish and
Jones Professor of Southwestern Studies,
TSU-San Marcos

Diálogos con la memoria, contemplación del entorno, profecías en clave de metáfora, los poemas de Juan Armando Rojas Joo son un reflejo del alma de su autor. Tal vez de ahí proceda el hechizo de su tono, ese aliento misterioso que nos hace sentir como si escucháramos un canto primigenio.

Eduardo Parra, escritor y ensayista mexicano

The poetry book *Santuarios desierto mar / Sanctuaries Desert Sea* by Juan Armando Rojas Joo invites the reader to go deep into an enchanting border desert. Led by highly rich impressions, the reader, immersed in a sea of seemingly tangible images, feels bound to the chronicler's voice and, losing himself, wants, just like the chronicler, to describe the attire of the eagles.

Dr. Yasmin Temelli
Heinrich-Heine-Universität Düsseldorf / Germany

Jennifer Rathbun achieves an excellent English translation in *Sanctuaries Desert Sea*, transborder poet Juan Armando Rojas Joo's book that chants to those first encounters between two very different cultures, the mythical indigenous and that of the Spanish chroniclers; definitely a poetry book worth reading.

Dr. Sergio M. Martínez
Associate Professor of Spanish and
Jones Professor of Southwestern Studies,
TSU-San Marcos

Santuarios   desierto mar / Sanctuaries   Desert Sea

Juan Armando Rojas' verbal trajectory through the desert travels from the sand and its dunes to the letter, unopened, for fear of uncovering another desert: abandonment, limits, finality. This is how the wall, attempting to put an end to immigration, is raised between two countries. But this voice raises

> you will call yourself desert   like calling you earth
> like naming you air   water   fire
> like calling you heart of the river
> (and you will not have beginning or end)

to show its strength, the force of the myth that lies deep within the indigenous communities, the bravery of that first breath whose gift unites. This is how the poet travels the course of his origins, his ancestors, their settlement in Paquimé, the ruins where the life that awaits them beats. From there, before the drought, the rain, the flight of the wind, the grandmother dawn that is also the dawn of the future

> in a country that has never been mine
> I observe a stream of water enter the room

Minerva Margarita Villarreal
Mexican poet and editor

El trayecto verbal de Juan Armando Rojas por el desierto va de la arena y los médanos a la carta que permanece sin abrir por miedo a encontrar otro desierto: el abandono, el límite que impone un fin. Así se levanta el muro entre dos países, intentando poner un fin al flujo de migrantes. Pero esta voz se eleva

>   *te llamarás desierto   como decirte tierra*
>   *como nombrarte aire   agua   fuego*
>   *como llamarte corazón de río*
>   *(y no tendrás principio ni final)*

para mostrar su fuerza, el vigor del mito que subyace en las comunidades indígenas, el valor de ese aliento primigenio cuyo don es congregar. Así recorre el poeta el trayecto del origen, la familia, su asiento en Paquimé, las ruinas donde late la vida que espera. De ahí que ante la sequía aparezca la lluvia, el vuelo del viento, la abuela aurora que también es alba del porvenir

>   *en un país que nunca ha sido el mío*
>   *observo un hilo de agua entrar al cuarto*

Minerva Margarita Villarreal
Poeta y editora mexicana

Juan Armando Rojas Joo

Poeta transfronterizo, narrador y ensayista. Juan Armando Rojas Joo ha publicado los poemarios *Luz/ Light (2013), Vertebral River / Río vertebral (2009, 2002), Ceremonial of Wind / Ceremonial de viento (2006), Santuarios desierto mar (2004) y Lluvia de lunas (1999)*. En 2013 coeditó la antología *Sangre mía / Blood of Mine: Poesía de la frontera: violencia, género e identidad en Ciudad Juárez* y en 2004, coeditó la antología *Canto a una ciudad en el desierto*, una denuncia poética en contra del feminicidio y la violencia en Ciudad Juárez. Su obra ha sido publicada en revistas y antologías en México, Nicaragua, Canadá, Estados Unidos, Portugal y España. Durante la primavera de 2011, Rojas fue honrado por la Universidade de Coimbra, Portugal, como poeta residente. Rojas Joo recibió su licenciatura y maestría en letras latinoamericanas por la Universidad de Texas en El Paso, el doctorado en la Universidad de Arizona y, en 2002, fue profesor invitado y becario de post-doctoral Andrew W. Mellon Fellow en Amherst College, Massachusetts. Actualmente es profesor de lengua y literatura en Ohio Wesleyan University.

Born in Ciudad Juárez, México. Transborder poet, narrator and essayist. Rojas' scholarly work has been published in literary magazines, reviews and anthologies of several countries and as a poet has published *Luz/ Light (2013), Vertebral River / Río vertebral (2009, 2002), Ceremonial of Wind / Ceremonial de viento (2006), Santuarios desierto mar (2004) and Lluvia de lunas (1999)*. In 2004 Rojas co-edited the anthologies *Sangre mía / Blood of Mine: Poetry of Border Violence, Gender and Identity in Ciudad Juárez* (2013) and *Canto a una ciudad en el desierto*, a poetic denouncement against feminicide. During the Spring of 2011 Rojas was honored by the Universade de Coimbra, Portugal, as the resident poet. Rojas completed his Ph.D. at the University of Arizona in 2002 and was the Andrew W. Mellon Fellow and Visiting Assistant Professor at Amherst College, Massachusetts, and currently teaches at Ohio Wesleyan University.

Jennifer Rathbun

Recibió su doctorado de la Universidad de Arizona y actualmente es profesora y jefa del departamento de lenguas extranjeras en la Universidad de Ashland, en Ohio. En 2011 la editorial Bitter Oleander Press publicó su traducción de *Tras el rayo/ Afterglow*, del poeta mexicano Alberto Blanco. En 2009, Pecan Grove Press publicó su traducción de *Río vertebral/Vertebral River* de Juan Armando Rojas Joo. Otras publicaciones de la traductora son *Era hombre, era mito, era bestia / Man, Myth, Beast* (2013) de Iván Vergara, *Luz/ Light* (2013) y *Ceremonial de viento/Ceremonial of Wind*, de Rojas (2006). Como coeditora ha colaborado en las antologías *Sangre mía / Blood of Mine: Poesía de la frontera: violencia, género e identidad en Ciudad Juárez* (2013) y *Canto a una ciudad en el desierto* (2004). Sus poemas, traducciones y artículos sobre literatura latinoamericana han sido publicados en diversas revistas literarias y académicas.

Jennifer Rathbun received her Ph.D. from the University of Arizona in Contemporary Latin American Literature and is currently an Associate Professor of Spanish and Chair of the Department of Foreign Languages at Ashland University in Ohio. The Bitter Oleander Press published her translation of the poetry collection *Afterglow/Tras el rayo* by Mexican author Alberto Blanco in June 2011. In 2009, she published her translation of the poetry collection *Río vertebral/ Vertebral River* by Mexican author Juan Armando Rojas Joo in Pecan Grove Press. Rathbun has also translated Rojas Joo's work *Luz/ Light* (2013), and *Ceremonial de viento/ Ceremonial of Wind* (2006) and *Era hombre, era mito, era bestia / Man, Myth, Beast* (2013) by Iván Vergara. Rathbun is coeditor of the anthologies of poetry *Sangre mía / Blood of Mine: Poetry of Border Violence, Gender and Identity in Ciudad Juárez* (2013) and *Canto a una ciudad en el desierto* (2004). In addition, her poetry, translations and articles on Contemporary Latin American Literature appear in numerous international reviews and journals.

www.ingramcontent.com/pod-product-compliance
Lightning Source LLC
Chambersburg PA
CBHW021148080526
44588CB00008B/254